Yá'át'ééh

In beauty I walk,

with beauty before me I walk,

with beauty behind me I walk,

with beauty above me I walk,

with beauty around me I walk,

It has become beauty again.

2024
PLANNER
MONTHLY

Name

Phone

Email

Address

2024

Naakidi mííl yázhí dóó bi'aan naadįįdíí'

JANUARY

SU	MO	TU	WE	TH	FR	SA
	01	02	03	04	05	06
07	08	09	10	11	12	13
14	15	16	17	18	19	20
21	22	23	24	25	26	27
28	29	30	31			

FEBRUARY

SU	MO	TU	WE	TH	FR	SA
				01	02	03
04	05	06	07	08	09	10
11	12	13	14	15	16	17
18	19	20	21	22	23	24
25	26	27	28			

MARCH

SU	MO	TU	WE	TH	FR	SA
					01	02
03	04	05	06	07	08	09
10	11	12	13	14	15	16
17	18	19	20	21	22	23
24	25	26	27	28	29	30
31						

APRIL

SU	MO	TU	WE	TH	FR	SA
	01	02	03	04	05	06
07	08	09	10	11	12	13
14	15	16	17	18	19	20
21	22	23	24	25	26	27
28	29	30				

MAY

SU	MO	TU	WE	TH	FR	SA
			01	02	03	04
05	06	07	08	09	10	11
12	13	14	15	16	17	18
19	20	21	22	23	24	25
26	27	28	29	30	31	

JUNE

SU	MO	TU	WE	TH	FR	SA
						01
02	03	04	05	06	07	08
09	10	11	12	13	14	15
16	17	18	19	20	21	22
23	24	25	26	27	28	29
30						

JULY

SU	MO	TU	WE	TH	FR	SA
	01	02	03	04	05	06
07	08	09	10	11	12	13
14	15	16	17	18	19	20
21	22	23	24	25	26	27
28	29	30	31			

AUGUST

SU	MO	TU	WE	TH	FR	SA
				01	02	03
04	05	06	07	08	09	10
11	12	13	14	15	16	17
18	19	20	21	22	23	24
25	26	27	28	29	30	31

SEPTEMBER

SU	MO	TU	WE	TH	FR	SA
01	02	03	04	05	06	07
08	09	10	11	12	13	14
15	16	17	18	19	20	21
22	23	24	25	26	27	28
29	30					

OCTOBER

SU	MO	TU	WE	TH	FR	SA
		01	02	03	04	05
06	07	08	09	10	11	12
13	14	15	16	17	18	19
20	21	22	23	24	25	26
27	28	29	30	31		

NOVEMBER

SU	MO	TU	WE	TH	FR	SA
					01	02
03	04	05	06	07	08	09
10	11	12	13	14	15	16
17	18	19	20	21	22	23
24	25	26	27	28	29	30

DECEMBER

SU	MO	TU	WE	TH	FR	SA
01	02	03	04	05	06	07
08	09	10	11	12	13	14
15	16	17	18	19	20	21
22	23	24	25	26	27	28
29	30	31				

JANUARY 2024

| Sunday | Monday | Tuesday | Wednesday |
Damóo	Damóo biiskání	Damóo doo naakijí	Damóo doo tágíjí
	01 New Year's Day	**02**	**03**
07	08	09	10
14	15 Martin Luther King Jr. Day	16	17
21	22	23	24
28	29	30	31

YAS NIŁT'EES 2024

Thursday Damóo doo dį́įjį́	Friday Nida'iiniísh	Saturday Damóo yázhí	Notes
04	05	06	
11	12	13	
18	19	20	
25	26	27	

FEBRUARY 2024

Sunday Damóo	Monday Damóo biiskání	Tuesday Damóo doo naakijį́	Wednesday Damóo doo tágíjį́
04	05	06	07
11	12	13	14
18	19 **President's day**	20	21
25	26	27	28

ATSÁ BIYÁÁZH 2024

Thursday Damóo doo dı́ı́jı́	Friday Nida'iiniísh	Saturday Damóo yázhí	Notes
01	02	03	
08	09	10	
15	16	17	
22	23	24	
29			

MARCH 2024

Sunday Damóo	Monday Damóo biiskání	Tuesday Damóo doo naakijį́	Wednesday Damóo doo tágíjį́
03	04	05	06
10	11	12	13
17	18	19	20
24 31	25	26	27

WÓÓZHCH'ÍÍD 2024

Thursday Damóo doo dį́įjį́	Friday Nida'iniíísh	Saturday Damóo yázhí	Notes
	01	02	
07	08	09	
14	15	16	
21	22	23	
28	29	30	

APRIL 2024

Sunday Damóo	Monday Damóo biiskání	Tuesday Damóo doo naakijį́	Wednesday Damóo doo tágįįjį́
	01	02	03
07	08	09	10
14	15	16	17
21	22	23	24
28	29	30	

T'ÁÁCH'IL 2024

Thursday Damóo doo dł'įį́	Friday Nida'iiniísh	Saturday Damóo yázhí	Notes
04	05	06	
11	12	13	
18	19	20	
25	26	27	

MAY 2024

Sunday Damóo	Monday Damóo biiskání	Tuesday Damóo doo naakijí	Wednesday Damóo doo tágijí
			01
05	06	07	08
12	13	14	15
19	20	21	22
26	27 **Memorial Day**	28	29

T'ÁÁTSOH 2024

Thursday Damóo doo dı́'ı́ı́	Friday Nida'iiniísh	Saturday Damóo yázhí	Notes
02	03	04	
09	10	11	
16	17	18	
19	20	21	
30	31		

JUNE 2024

Sunday Damóo	Monday Damóo biiskání	Tuesday Damóo doo naakijí	Wednesday Damóo doo tágíjí
02	03	04	05
09	10	11	12
16	17	18	19 Juneteenth
23 30	24	25	26

YA'IISHJÁÁSHCHILÍ 2024

Thursday Damóo doo dį́įjį́	Friday Nida'iiniísh	Saturday Damóo yázhí	Notes
		01	
06	07	08	
13	14	15	
20	21	22	
27	28	29	

JULY 2024

Sunday Damóo	Monday Damóo biiskání	Tuesday Damóo doo naakijí	Wednesday Damóo doo tágíjí
	01	02	03
07	08	09	10
14	15	16	17
21	22	23	24
28	29	30	31

YA'IISHJÁÁSTSOH 2024

Thursday	Friday	Saturday	Notes
Damóo doo dį́ʼįį́	Nidaʼiiníísh	Damóo yázhí	
04 Independence Day	**05**	**06**	
11	**12**	**13**	
18	**19**	**20**	
25	**26**	**27**	

AUGUST 2024

| Sunday | Monday | Tuesday | Wednesday |
Damóo	Damóo biiskání	Damóo doo naakijí	Damóo doo tágijí
04	05	06	07
11	12	13	14
18	19	20	21
25	26	27	28

BINI'ANIT'ÁÁTS'ÓSÍ 2024

Thursday Damóo doo dį́ı́jį́	Friday Nida'iiníísh	Saturday Damóo yázhí
01	02	03
08	09	10
15	16	17
22	23	24
29	30	31

Notes

SEPTEMBER 2024

Sunday Damóo	Monday Damóo biiskání	Tuesday Damóo doo naakijį́	Wednesday Damóo doo tágíjį́
01	02 **Labor Day**	03	04
08	09	10	11
15	16	17	18
22	23	24	25
29	30		

BINI'ANIT'ÁÁTSOH 2024

Thursday Damóo doo dį́'įį́	Friday Nida'iiniísh	Saturday Damóo yázhí	Notes
05	06	07	
12	13	14	
19	20	21	
26	27	28	

OCTOBER 2024

Sunday Damóo	Monday Damóo biiskání	Tuesday Damóo doo naakijí	Wednesday Damóo doo tágíjí
		01	02
06	07	08	09
13	14 **Indigenous Peoples' Day**	15	16
20	21	22	23
27	28	29	30

GHÁÁJĮ' 2024

Thursday	Friday	Saturday
Damóo doo dí'įí	Nida'iiníísh	Damóo yázhí
03	04	05
10	11	12
17	18	19
24	25	26
31		

Notes

NOVEMBER 2024

| Sunday | Monday | Tuesday | Wednesday |
Damóo	Damóo biiskání	Damóo doo naakijį́	Damóo doo tágįį́
03	04	05	06
10	11 Veterans Day	12	13
17	18	19	20
24	25	26	27

NÍŁCH'ITS'ÓSÍ' 2024

Thursday Damóo doo dı́'íjı́	Friday Nida'iiniísh	Saturday Damóo yázhí	Notes
	01	02	
07	08	09	
14	15	16	
21	22	23	
28 Tązhii Day	29	30	

DECEMBER 2024

Sunday Damóo	Monday Damóo biiskání	Tuesday Damóo doo naakijį́	Wednesday Damóo doo tágįjį́
01	02	03	04
08	09	10	11
15	16	17	18
22	23	24	25 **Christmas Day**
29	30	31	

NÍŁCH'ITSOH
2024

Thursday	Friday	Saturday	Notes
Damóo doo dį́'įį́	Nida'iiniíísh	Damóo yázhí	
05	06	07	
12	13	14	
19	20	21	
26	27	28	

NOTES

NOTES

www.ingramcontent.com/pod-product-compliance
Lightning Source LLC
LaVergne TN
LVHW051923060526
838201LV00060B/4157